Allitera Verlag

Michael Groißmeier, geboren 1935 in München, Lyriker und Erzähler, lebt in Dachau. Für sein literarisches Werk wurde er mehrfach ausgezeichnet, u.a. mit der Bürgermedaille der Großen Kreisstadt Dachau, der Ehrengabe der Stiftung zur Förderung des Schrifttums, dem Verdienstkreuz am Bande des Verdienstordens der Bundesrepublik Deutschland und dem Bayerischen Poetentaler. Er war Ehrengast der Deutschen Akademie Villa Massimo in Rom. Der literarische Vorlaß befindet sich beim Literaturarchiv Monacensia der Landeshauptstadt München. Im Allitera Verlag erschienen »Der Zögling« (Autobiografie), »Im Leuchtkäferlicht« (Haiku), »Suche nach Avalun« (Gedichte), »Garten meiner Kindheit« (Gedichte), »Die Wirklichkeit des Traums« (Gedichte), »Auferstehungslust« (Gedichte), »Die Eiszapfenharfe« (Haiku), »Leben mit Bäumen« (Gedichte und Gedanken) sowie »Atemholen« (Gedichte).

Michael Groißmeier

Im Arm der Erde

Gedichte

Allitera Verlag

Weitere Informationen über den Verlag und sein Programm unter:
www.allitera.de

Originalausgabe
August 2016
Allitera Verlag
Ein Verlag der Buch&media GmbH, München

Umschlaggestaltung unter Verwendung eines Bilds von © Anna Boldt
Printed in Germany · ISBN 978-3-86906-916-6

Für Margit und Andrea

Der Dichter wähnt in den Wesen und Dingen der Natur das Wirken und Weben der Gottheit, die er gebende und nehmende, schaffende und raffende Kraft nennt.

Der Mensch, der wie alles Lebende aus dem Urmeer hervorging, hat im Verlauf der Evolution die Verbindung zur Natur weitgehend verloren.

Er ist sich der geheimen Seelenverwandtschaft mit den Wesen und Dingen der Natur nicht mehr bewußt, hört nicht mehr die Stimme der Gottheit im Wehen des Winds, im Wispern des Laubs.

Seiner Mutter, der Erde, die ihn zeit seines Lebens trägt und erträgt, ist der Mensch entfremdet. Am Ende aber nimmt sie ihn liebend in den Arm, in dem er dem ersehnten neuen Sein entgegenschläft.

Die Gottheit, dessen ist sich der Dichter gewiß, werde ihre Schöpfung nicht verraten.

Willst du das Unsichtbare erkennen,
sieh sehr genau auf das Sichtbare!
Der Talmud

Nichts ist dem Geist leichter erreichbar
als das Unendliche.
Novalis

Nichts ist ihm schwerer erreichbar
als das Endliche.
Wilhelm Lehmann

Erde der ich so oft
Mein stockendes Leben
Abgewann ...
Marie Luise Kaschnitz

Über die Torheit der Menschen lacht der Specht.
M. G.

Borgo delle Ninfe 1935

Es war zu früher Stund im Februar,
als mich die Mutter unter Schmerzen,
da ich nicht länger liegen wollte unter ihrem Herzen,
nach einem Kaiserschnitt gebar.

Ich trage eine Narbe unterm Haar
am Schädelbein, in das der Arzt geschnitten.
Die Muttermilch schmeckte nach vorjährigen Quitten.
Das aber wird mir erst heute klar.

Ich werde ein Professor sein,
prophezeiten die Schwestern.
Doch das ist natürlich Schnee von gestern,
trat ich doch in die Zunft der Dichter ein!

Das Schaukelpferd

Mit meinem Schaukelpferdchen ritt
ich in die weite Welt hinaus.
Die maß vier Schritt mal sieben Schritt
und endete im Treppenhaus.

Die Treppe mir verboten war.
Sie führte in die Unterwelt.
Riskierte Kopf und Kragen gar,
und auch mein Pferdchen wär zerschellt,

hätt ich gewagt den steilen Ritt.
So schaukelte ich von Eck zu Eck
und gab dem Pferdchen manchen Tritt,
weil es kein Schimmel, bloß ein Scheck.

Der Regulator

Der Regulator in der Ecke,
er schien ein aufgestellter Sarg.
Schnell schloff ich unter meine Decke,
die mich vor seinem Anblick barg.

Wer in dem Totenkasten steckte,
lebendig nicht, doch auch nicht tot,
der früh mit einem Schlag mich weckte,
und der sogar der Zeit gebot?

Wir Kinder

Aus den Löwenzahnstengeln sogen
wir Kinder die bittere Milch.
Wir zogen aus mit Pfeil und Bogen,
und manchmal war das Ziel ein Bilch.

Wir griffen uns im Bach die Forelle
und garten sie in der Aschenglut.
Wir stahlen den Schafen die Schelle
und brachten den Schäfer und seine Wachhunde in Wut.

Aus ihrem Erdloch stöberten wir auf die Kröte
und banden sie der Katze an den Schwanz.
Aus einem Weidenzweig schnitten wir eine Flöte
und spielten dem Totengräber auf zum Tanz.

Der zeigte uns den schaurigen Karner,
und einmal sperrte er uns hinein zum Gebein.
Die Totenschädel sollten uns Warner
und Einschüchterer fürs Leben sein.

Meine Kindheit

Meine Kindheit war nicht allzu froh.
Krieg war, und es herrschte Hungersnot.
Aber Äpfel dufteten auf Stroh.
Sägekleie mischten wir ins Brot,
aßen, was der kleine Garten bot:

Rettiche, Kartoffeln, Karfiol,
gelbe Rüben, Rahnen. Fleisch war rar.
Meiner Mutter Wangen waren hohl.
Vater, der Kriegsinvalide war,
ließ mich nicht zur Hitlerjungenschar.

Ich doch liebte das Soldatenspiel,
galt's uns Buben doch als ehrenvoll,
wenn sich einer tapfer schlug und fiel.
Vater jäh die Zornesader schwoll,
wenn im Radio »Sieg Heil!« erscholl.

Kartoffelfeuer

Wir häuften das Kartoffelkraut
hoch auf zu einem Haufen,
und ich, der sich als einziger getraut,
mußt um ein Zündholz laufen.

Das hab dem Vater ich stibitzt
aus seiner Jackentasche.
Kam ich zurück, vom Lauf erhitzt,
nahm einen Schluck ich aus der Limoflasche.

Dann haben wir ein Feuerchen entfacht,
in dem wir uns Kartoffeln brieten.
Ich hab als einziger die Glut bewacht,
indes die andern bald in Streit gerieten.

Ein jeder wollte Hauptmann sein,
doch keiner bloß Gemeiner.
Sie ließen bei der Asche mich allein.
Von meinen Kameraden überlebte keiner.

Bombennacht 1945

Der Heulton der Sirenen,
er schreckte nachts uns aus den Betten.
Ich aber wollte nur mein hölzern Pferdchen
mit in den Luftschutzkeller retten.

Dort harrten wir mit Bangen
der Bomben und der Feuertaufe.
Mein Pferdchen aber rupfte
das Heu ruhig aus der Raufe,

die ich ihm hab gezimmert.
Durchs Kellerloch sahn wir die Glutfontänen,
und in das Feuerprasseln mischte sich das Knistern
der Halme zwischen meines Pferdchens Zähnen.

Damals

Damals bombten sie uns aus dem Schlaf,
und wenn eine Bombe das Nachbarhaus traf,
waren wir heilfroh,
noch einmal davongekommen zu sein.

Als man die Toten aus den Trümmern barg,
dienten Pappkartons als Sarg.
Holz war rar und zu schad
für ein Häuflein Fleisch und Gebein.

Wir Kinder tollten auf den Trümmern herum,
waren Soldaten und stolz auf unser Heldentum.
Einer aber hat gefehlt.
Am dritten Tag grub man ihn ein.

Toter Soldat, Etzenhausen April 1945

Wie hingestreckt zum Schlummer
am Bahndamm ein Soldat.
In seinen offnen Augen
grün spiegelt sich die Saat.

Ihm wird kein Korn mehr reifen.
Der Schuß ging durchs Genick.
Nach was die Finger greifen,
was hat er starr im Blick?

Mai 1945

Den einen war der Mai Befreiung,
den andern Tod, Vertreibung, Schande.
Beendet kaum des Seins Entweihung,
begann sie neu in anderem Gewande.

Der Völkermord, erneut begangen,
Menschheitsverbrechen totgeschwiegen.
Dem Rausch der Rächer nur entgangen,
wer sicher kam im Grab zu liegen.

Ein Grab ist eine feine Sache,
die vielen nicht zuteil geworden,
den Schneeverwehten auf der Brache,
wohldekoriert mit dem Gefrierfleischorden.

In meinen zarten Jahren

clerici mit Rosenkränzen
auf der Glatze sangen Psalmen
Heinrich Heine

War in meinen zarten Jahren
mancher weisen Lehre Jünger,
und war einer der Scholaren,
die man nährt mit Wissensdünger,

der sich hat als Weltgeschichte
angehäuft im Lauf der Zeiten.
Wichtiger warn mir Gedichte,
Streichen auch von Geigensaiten.

Doch den faden Rosenkränzen
und dem Salm der clerici
oft entzog ich mich durch Schwänzen,
doch dem Psalmensingen nie!

Singen war mir Seelenlabe
nach den spröden Mathestunden.
Daß man dann erst Bildung habe,
wenn man hundsgemein geschunden,
wußte ich noch nicht als Knabe!

Als künftiger Zölipater

War ein fauler Zöglingsbengel,
habe manchen Pausbackengel
angehimmelt, leider nur von fern;
denn zu klein war ich dem Augenstern!

Trugen doch die Zuckerhäschen
allzu hoch die Schnuppernäschen!
Und versprochen war ich, ach, dem Herrn,
der als seinen Diener hätt mich gern!

Was mit einem Zölibaten,
wenn auch künftgen, man darf raten,
solche Süße hätt solln fangen an,
außer ihm zu sein als Köchin untertan!

Beine

Ach, sie hat Beine, lang wie Spinnen,
die scheu im Heu in Scheunen drinnen,
und welche Weberknechte heißen,
jedoch nicht weben, auch nicht beißen!

Ich habe Angst vor langen Beinen;
denn ich hab kurze! ’s ist zum Weinen!
O weh, ich werde mich beim Küssen
ganz ungebührlich strecken müssen!

Die Verruchte

Als Jüngling hatt ich einen Schwarm,
der lag mir wonniglich im Arm.
Wir konnten nicht genug uns küssen.
Dann haben wir uns freien müssen.

Der Grund war triftig, schrie zur Nacht,
so daß ich stündlich aufgewacht,
nach Fläschchen, Milch und Schnuller suchte,
indes sie schnarchte, die Verruchte.

Vorsicht

Kann auf meines Weibes Namen
leider keinen Endreim bilden
wie der Heine auf Mathilden!
Darum end ich halt in Gottes Namen

meinen Reim auf Euphrosinen,
was mein Weib macht eifersüchtig,
daß sie rüffelt, rupft mich tüchtig.

Was sich weiblich reimt auf »inen«,
werde ich, ich kann's beeiden,
vorsichtshalber künftig meiden!

Die letzte Rettung

Sie flötete in Dur und Moll.
Ich bin nicht musikalisch!
Sie blies mir beide Ohren voll.
Ich nahm es physikalisch.

Sie blies die Flöte immerzu.
Ich wollte nur noch meine Ruh
und brach die Flöte ihr entzwei.
Da war vorbei die Blaserei.

Da aber griff sie zum Gesang.
Mir wurde himmelangst und bang.
Ich wollte nur noch meine Ruh
und drückte ihr die Kehle zu.

Im Bäckerladen

Frau Meier, im Vertraun, mein Mann
ist einer, der auch sonst nichts kann,
drum halten wir uns einen Hund.
Frau Meier, halten S' bloß den Mund!

Mein Mann ist zwar ein Mensch von Geist,
doch er versagt auch sonst zumeist.
Im Jahr zwei-, dreimal einen Schmatz,
drum halten wir uns eine Katz.

Mein Mann ist schlau, weil Philosoph,
auch sonst ist er beschränkt und doof,
drum halten wir uns Hund und Co. –
und leider bald auch einen Zoo!

Ungewisser Ritt

Besteig ich mein geflügelt Roß,
ach ja, das ist zuviel gesagt,
es ist ein dürrer Klepper bloß,
auf dem ich manchen Ritt gewagt!

Besteig ich also dieses Pferd,
auch vornehm Pegasus genannt,
wohin es galoppieren werd,
ich weiß es nicht, ich bin gespannt!

Wohl in den Dichterhimmel nicht,
der für Moderne reserviert,
die nur montieren ein Gedicht,
für den, der geistreich Mist gebiert!

Stroh

Ich reit auf Pegasus, dem Schimmel,
nach oben in den Dichterhimmel.
Ich hoff, sie haben dort im All
für meinen Schimmel einen Stall!

Für mich tut leicht es eine Hütte.
Ich leg mich gern auf eine Schütte,
und ist aus Stroh sie, macht's mich froh;
denn auch im Himmel drischt man Stroh!

Pegasusritt

Sterne, Angstschweiß des Himmels.
Eine weiße Wolke zerstob,
die Mähne meines Schimmels,
der mich in den Dichterhimmel hob,

aus dem ich am Morgen erwachte;
denn mein Ritt war nur ein Traum!
Aber ich lachte,
hielt ich in der Hand doch noch den Zaum!

Die kleinen Dinge der Natur

Einen langen Atem verlange das Gedicht.
Mir genügt ein Hauch,
der ein Blatt in ein anderes flicht
am Strauch!

Die kleinen Dinge der Natur,
auch sie seien benannt!
Die großen der Menschen enden meist ohne Spur,
an sich selber verbrannt!

Wie innig die Zweige einander verbunden sind,
wie freundlich ein Blatt zum anderen spricht,
und wie das Laub liebkost wird vom Wind,
das soll nicht Atem genug sein für ein Gedicht?

Die Bennsche Aster

Für immer verbinde ich eine Aster
mit der »dunkellila« Bennschen.
Alle andern fallen durch das Raster,
das ich ansetze auch bei den Menschen.

Ersoffene Bierfahrer fielen
hindurch, könnten Sie meinen?
Gefehlt! Ich achte ihre heiligen Schwielen!
Aber um die »sanfte, kleine Aster« muß ich weinen!

Was bleibt

Was ihm, dem Dichter, die Natur
diktiert ins Schreibheft, ist Gedicht!
Des Tausendfüßlers zarte Spur
ist eines Verses Strophe schlicht.

Des Menschen Wort, auf Sand gebaut,
das er sich aus der Kehle quält,
ist ein bescheidner Nebenlaut
im Klang der Sphären, der nicht zählt.

Was in den Staub des Weges schreibt
der Wind mit unsichtbarer Hand
und wieder löscht, sein Wort, das bleibt
im Urgedächtnis, hat Bestand.

Der Schöpfung Riss

Der Nachtigall Gesang
zu bannen ins Gedicht,
ob's mir gelang,
ich weiß es nicht.

Der Schöpfung Riß zu tief
durch aller Wesen Sein!
Wie ich auch rief,
ich bleib allein!

Der Nachtigall Gesang,
mein rastloses Gedicht,
des bin ich bang,
den Riß sie heilen nicht!

Der Dichter

... vom Wind Geformtes
und nach unten schwer.
Gottfried Benn

Ein Blatt am Zweig zum andern spricht.
Der Mensch vernimmt es wohl, doch er,
von mindrer Art, versteht es nicht.
Es ist ja auch zu lange her,
seit er hervorkroch aus dem Meer.
Der Dichter, seines Sinnes schlicht,
erahnt, was ist »nach unten schwer«,
und offenbart es im Gedicht.

Träume

Im Traum stand ich als Mime auf der Bühne
und hab mit meiner Kunst die Leut verhext,
war gar Raskolnikow in »Schuld und Sühne« –
bis ich vergessen habe meinen Text.

Was tun?, spricht Zeus. Da scheuchte mich der Wecker
roh aus dem Schlaf beim frühen Morgenrot.
Ich schwör's, im nächsten Traum bin ich Herr Eckher,
der Fürstbischof von Freising, lang schon tot!

Das Gedicht

Der Mond, ein an die Diagonale
des Fensterkreuzes genageltes Gesicht.
Ich forme meine Hand zur Schale
und biete ihm als Essigschwamm mein Gedicht.

Ich weiß, es kann niemanden tränken und trösten,
nicht einmal den toten Mann im Mond!
Ich friere in tausend Frösten,
von einem Klumpen Eis bewohnt.

Das einzige, was ich habe,
einen Tropfen Bluts, mein Gedicht.
Ich biete ihn dar als Labe
dem dürstenden toten Gesicht.

Gnosi s'auton!

Chilon von Sparta,
der Gottheit Apollon nachgesprochen

Was sollen mir die Philosophen,
die ungezählten Theosophen,
die sinnend durch die Gegend schwofen!

Ich bin mir, Dichter, selbst genug,
und jeder Landmann hinterm Pflug
erkennt das Wahre ohne Lug und Trug!

Staub

Zwischen den Buchseiten Staub,
der einmal Blume war.
Oder zerfiel zu Staub,
was einmal Ghasele war?

Was die Natur vollbracht,
der Dichter gar,
wer hat zu End gedacht,
was einmal Anfang war?

Prädestiniert

Ich bin schon längst mein eigener Gefangner.
Ich hab mich eingeschlossen in mein Zimmer.
Ich nähre mich mit Brot aus wen'gen Wörtern.
Mein Salz, mein attisches, der Sterne Glimmer.

Ich hab es satt, Gedichte zu erörtern!
Im wesentlichen bin ich ein Vergangner,
ein für den Abgang leidlich Abgehangner,
prädestiniert somit für was auch immer.

Gast in der Villa Massimo

Man lud als Gast mich in die Villa ein.
Die Romulus und Remus einst gesäugt,
ich such die Wölfin. Nur ein Gott aus Stein
– ist's Pan? –, der voller Mißtraun mich beäugt.

Ich bin nicht römisch-denkerischer Art,
so sehr ich mir auch solchen Anschein geb.
Von Weisheit nicht, von Alter grau mein Bart!
O wie ich nach der Milch der Wölfin streb!

Doch vorerst nähre ich mich von Vergil,
versuche auch mal selber ein Sonett,
ersehnend mir der Venus Augenspiel,
und sinke, Bacchus huldigend, ins Bett.

Auf römischer Terrasse

Schirokko wühlt in den Pinien.
Ich seh vorm Aug nur Kreise, Linien.
Man nennt's Migräne in Germanien,
wo vor den Fenstern blühn Geranien.

Hohnlachen Pans gilt mir Barbaren.
Vergeblich bitte ich die Laren.
Doch längst sind tot die guten Geister!
Der Tod, aus deutschem Land ein Meister,

er ist mir nah auch in Italien!
In Deutschland blühen jetzt die Dahlien.
Schirokko wirft nach mir Agamen,
spricht über mich verächtlich »Amen«.

Wie wohl tut Wind in deutschen Landen!
Liegt dort man auch in Todes Banden,
es riecht nicht moderig nach Katakomben,
und Särge muß man nicht verblomben!

Aus karger Fichte sind die Truhen,
vortrefflich läßt es sich drin ruhen,
und der Zerfall in deutscher Erde
geschieht ohn jegliche Beschwerde!

Verstauchter Geist

Jemand ist ein Teufelsgeiger
oder gar ein Dichterfürst,
Philosoph und großer Schweiger –
trotzdem schmecken ihm die Würst

und ein gut gezapftes Weißes.
Hat er sich den Geist verstaucht,
rückt ihn dann zurecht ein heißes
Bad, ein Weib, das zärtlich faucht.

Einsam sich der Geist doch fühlte
ohne seinen Bruder Leib,
drin die Seele unfroh wühlte
ohne Rettich, Bier und Weib!

Moderner Dichter

Wer einen Satz spuckt aufs Papier,
der hält sich schon für einen Dichter.
Ich aber rat ihm zum Klistier,
vielleicht wird's ihm im Kopf dann lichter,
das lindert auch aufs Hirn den Druck,
so daß, Gott geb's!, aus dem Gespuck
entsteh ein ordentlicher Vers –
was dem Modernen zu pervers!

Dichterlesung

Dichter dünstet Verse aus,
seiner düstern Seele Dunst.
Wahrlich, dies verdient Applaus,
ist's doch allerhöchste Kunst!

Wenn sich das Gehirn entkrampft,
auch der Seelenschmerz verdampft
und Euterpe zu ihm spricht,
wirft der Dichter sein Gedicht!

Verhinderter Morgenstern

Seitdem er Morgenstern gelesen,
fühlt er verwandt sich seinem Wesen.
Er, stets gehüllt in einen Trauerflor,
versucht sich jetzt in Witz und gar Humor.

Auf daß er führ ein fröhlich Dichterleben,
kehrt aus der Seele er die Spinnenweben.
Jetzt ist sie sauber ausgeputzt.
Doch leider hat's ihm nichts genutzt!

Die Heiterkeit ist rasch am Lahmen,
sie sprengt der Seele engen Rahmen.
Nun dichtet er noch ernster als zuvor
und fühlt sich wohl in seinem Trauerflor.

Dung

Ach, wie ich als Dichter leide,
bis ein Vers zustande kommt!
Wär ein Schaf ich auf der Weide,
dürft ich, wie es Schafen frommt,

Gras in aller Ruhe fressen,
und was hinten dann rauskommt,
kann mit einem Vers sich messen,
Dung, der dem Graswachstum frommt!

Nur Namensvetter!

Er heißt den Halbmond eine Sichel,
mit der das Sternkorn wird gemäht.
Wer heut so dichtet, wird geschmäht
als antiquierter tumber Michel!

Ich muß mich schleunigst umbenennen,
damit ich nicht gerate in Verdacht!
Geschwind ein Feuerchen entfacht
und zusehn, wie Gedichte brennen!

Verstimmte Muse

Bählamm, laß den Bart dir schneiden,
will nicht länger deine Stoppeln leiden,
stachelnd wie die Disteln auf dem Feld!
– »Bin ein armer Dichter, hab kein Geld!«

Will nicht länger bleiben deine Muse,
lieber ich mit Glattrasierten schmuse!
Bringen sie auch nicht zustande ein Gedicht,
aber sticheln tun sie nicht!

In unserm alten Haus

In unserm alten wohlgefügten Haus
die Eltern hauchten ihren Atem aus.
Doch fühle ich beseelt noch immer
von ihnen jedes kleinste Zimmer.

Die Vater hat ererbt von seinem Ahn,
dieselbe Standuhr zeigt die Stunde an.
Er hat sie täglich aufgezogen.
Nie hat ihr Stundenschlag getrogen.

Noch immer hängt der Spiegel an der Wand,
vor dem mit ihrer zarten schmalen Hand
die Mutter hat ihr Haar gebürstet.
Nach Schönheit hat sie stets gedürstet.

Die Blumenvase auf dem Tisch steht leer.
Doch durch das offne Fenster weht es her
als wie von Asphodeloswiesen –
als ob die Eltern grüßen ließen.

Eltern

So leise wie sie lebten,
so still sind sie gestorben,
und immer in der Hoffnung,
sie hätten sich das ewge Heil erworben.

Ich aber kann nicht glauben,
daß sie, die Leid nur litten hier auf Erden,
von einem Gott, der nie sich offenbarte,
enttäuscht im Jenseits werden!

Auf heimischer Terrasse

Stetig muß ich der Bedrängnis
eines Ulmenschattens weichen.
Das Gezweig wird zum Gefängnis,
und das Laub wird mir zum Zeichen
eines Menetekels auf dem Stein:
Bald wirst du gefangen sein!

Stetig muß ich mich den Netzen,
die der Schatten wirft, entwinden!
Wie mich die Sekunden hetzen!
Nimmer werd ich Ruhe finden:
Stetig drängt der Schatten auf mich ein:
Bald bist du für immer mein!

Der Garten

Als ich als Kind mit Blumen sprach,
war Garten Eden unser Garten.
Jetzt liegen alle Beete brach,
und keine Blumen mehr, die auf
die Hand, die hegt und pflegt sie, warten.

Jetzt gehn im Haus die Uhren nach.
Die Sichel Mond hängt voller Scharten
am Himmel. Keiner kommt gemach
und dreht den Wasserspeier auf.
Nur mehr der Wind spielt mit den Karten.

Ich liege wach und sinne nach
der niemals durchgeführten Fahrten,
der letzten, die mir wird zur Schmach,
weil sie mir drängt ein andrer auf,
indes verödet liegt der Garten.

Das heimliche Band

Ich wandele durch meinen Garten,
streif Nachtviolen mit der Hand,
die mir verbunden sind mit einem zarten,
mir unsichtbaren Band,

und streif ich drüben Asphodelen,
wie ich auf Erden sie nicht fand,
erfühl ich, was mit Blumenseelen
auf Erden heimlich mich verband?

Im Arm der Erde

Ich will im schönen Erdengarten bleiben.
Oskar Loerke

Der uns aus Eden hat vertrieben,
vertreibt mich auch aus meinem Garten.
Was soll ich den Vertreiber lieben,
der zwingt zu ungewissen Fahrten!

Läßt er uns wieder ein in Eden?
Doch ich will nicht mit Eden tauschen!
Hier will ich mit den Bäumen reden,
will ihren Blätterzungen lauschen!

Hier will ich ruhn in ihrem Schatten,
und wenn ich schon gerufen werde,
dann wohlig unterm Laub ermatten
und schlafen lang im Arm der Erde!

Herzzwiebel

An meinem bloßen Fuß
spür brennend ich die Nessel
schon als der Erde Fessel,
der ich mich fügen muß.

Die Erde ruft mich heim,
ich kann ihr nicht entrinnen!
Herzzwiebel birgt tief innen
in mir der Tulpe Keim!

Schmerzlose Wiederkehr

Ein Tautropfen sein,
der eine Eidechse tränkt,
ein Tropfen, nicht durchsäuert von Pein,
von keinem Gott gekränkt!

Ein Tautropfen sein,
der, von der Sonne versehrt,
dennoch im frühen Morgenschein
schmerzlos wiederkehrt!

Der Stein

Was mag im stummen Stein
wohl eingeschlossen sein?
Auch er hat eine Seele,
wie sie sich auch verhehle!

Nimm ihn nur in die Hand,
du fühlst das stille Band,
das ihn mit dir verbindet,
wie Seel zu Seele findet!

Eidechse

Eidechse blickt mir in die Seele.
Sieht sie, was ich mir selbst verhehle?
Ist sie der Sterblichkeit gewiß,
und weiß sie um der Schöpfung Riß,

der spaltet unser beider Wesen?
Kann sie in meinen Augen lesen,
wie sehr mich ängstigt, was sie nicht
berührt: daß Gott zu mir nicht spricht?

Eidechsenaug

Eidechsenaug, der Gottheit Aug,
das wissend in das meine blickt.
Es blickt bis auf der Seele Grund,
die vor dem Rätselblick erschrickt.

Es weiß den Tag, die Stunde wohl,
da lischt mein Licht, das Aug mir bricht.
Eidechsenaug, der Gottheit Aug,
jedoch verrät sein Wissen nicht.

Wer auf dem Kopf steht

Wer auf dem Kopf steht,
wurzelt noch lange nicht
mit den Füßen im Himmel.
Aber näher ist er mit dem Gesicht
der Würmer Gewimmel,
und er sieht, was vonstatten geht
bei der Glockenblumen Gebimmel:
in der Ameisen Leichenbegängnis
sein eigenes Verhängnis.

Der Weg

Auch der Weg, den du gehst,
setzt unbeirrbar seinen Weg fort –
bis du vor dem Abgrund stehst
und der Weg endet an einem Ort,

von dem aus es keinen Rückweg gibt.
Ohne dich laufen deine Schritte nicht zurück,
und ohne deine Schritte zerstiebt
zu Staub der Weg ins elysäische Glück.

Der Pakt

Der Amper Fließen mich betört.
Hier halte ich beseligt Rast.
Ich ruh mich aus von aller Hast,
die mich in meinem Sinnen stört.

Mit meinem Fluß bin ich hier eins.
Mein Herz schlägt in der Wellen Takt.
Hier geht mir auf der Sinn des Seins,
schließ mit der Amper einen Pakt:

Sie trage mich nach Avalon!
Ich brauche Charons Nachen nicht!
Ich biete als bescheidnen Lohn
mein Allerletztes, mein Gedicht.

Unabänderlich

Was ich nicht auszusprechen wage,
der Fluß spricht es aus.
Was ich dem Wasser nicht sage,
die Wellen plaudern es aus.

Erinnert sich das Wasser dessen,
den einstmals das Urmeer gebar,
und hat es nicht vergessen,
daß ich seines Wesens war?

Dem ich mein Sein verdanke,
das Wasser und ich
sind noch immer »ein« Gedanke,
unabänderlich.

Die Uferweide

Die Uferweide verliert ihr Gedächtnis
mit dem verwehenden Samen.
Aber der Wind bewahrt ihr Vermächtnis:
ihres Laubes gestammeltes Amen.

Vollendet meine geflüsterten Gebete
die Weide mit ihrem Amen,
weil mir, schon versinkend in Lethe,
die Worte, die Lippen erlahmen?

Der Eichelhäher

Auf der Uferpappel Spitze,
die verschonten Sturm und Blitze,
sitzt der Auenwälder Späher,
scharfen Augs, der Eichelhäher,

überblickt den Wald, die Felder,
ist ein aufmerksamer Melder,
sieht, wie von der Hügel Matten
nahen sich die Abendschatten,

wie an meiner Seite einer
wandelt, den erschaut sonst keiner,
sieht sein schimmerndes Gerippe
und, geschultert, seine Hippe.

Die Wandlung

Einmal werd ich Wasser sein,
fließen mit dem Fluß, dem Strom.
Sonne saugt das Wasser ein,
das sich wölbt zum Wolkendom.

Bin ein Tropfen nur darin,
und zerstäubt der Dom zu Schnee,
fall ich, weil ich Flocke bin,
ach, zurück ins Erdenweh!

Warten auf Charon

Dieweil er anderweit beschäftigt,
hab ich am Wasserminzenduft
mich für die Überfahrt gekräftigt,
still wartend, bis mich Charon ruft.

Ich sitz erwartungsfroh am Ufer
und hör der weisen Pappel zu,
dem Häher, der Prophet und Rufer,
der Künder mir der ewgen Ruh.

Hör ich des Ruders leises Schlagen,
weiß ich den stummen Fährmann nah.
Wohin wird mich sein Nachen tragen?
Ans andre Ufer? Nach Ikaria?

Drüben

... alte süße Sarabande ...
Oskar Loerke

Werd ich dereinst erwachen
nach kurzem Schlaf in Charons Nachen
auf einer Asphodeloswiese,
wo Milch und Honig fließen?

Empfängt man mich mit Lachen?
Wird man mir Met eingießen
und mich mit Manna speisen?
Erfreut man mich mit Harfenweisen,

der »alten süßen Sarabande«,
mit einem Engel Wang an Wange,
so daß ich nicht zurückverlange
in meine wohl geträumten Lande?

Ein Traum

Im Arm der Erde schlaf ich ein
und träum, es sei mein Fleisch schon Gras,
wie heilge Greise prophezein,
und das ich in den Schriften las.
Ich hoff, daß es ein Traum nur ist
und nicht ein Schaf kommt, das mich frißt!

In der Nacht

Ich weiß nicht mehr Jahr und Tag,
das aber weiß ich noch,
daß ich als Kind auf einer Weide lag,
die nach Wolle von Schafen
und nach milchigen Lämmern roch.
Im Hinüberschlafen
hab ich die Wolken gezählt
und aus den weißen Wolkenschafen
das schönste mir ausgewählt.

Ich weiß nicht mehr Jahr und Tag,
und wie lange ich lag.
Ich bin erst heute aufgewacht
mit weißen Haaren und grauem Bart
wie nach unendlich langer Fahrt
und sehe in der Nacht
in weiter Ferne
die Schafe meiner Kindheit ziehen,
die Sterne.

Die Nacht, ein heilges Buch

Keins von den Büchern werde ich lesen.
Günter Eich

Mit ihren Hieroglyphen mag
die Mond- und Sternnacht mir genügen!
In ihr zu lesen ich versuch,
die einzgen Zeichen, die nicht trügen!

Die Nacht ist mir ein heilges Buch!
Ich muß zu buchstabieren lernen!
Es darf nicht bleiben beim Versuch!
Es offenbart das Heil sich in den Sternen!

Sphärenmusik

Am Himmel summen hör ich gern
den strahlend hellen Abendstern.
Der Mond, der dicke Bombardon,
er brummt dazu den tiefen Ton,

und Engel zupfen Harfen schlau.
Den Posaunisten ich mißtrau,
die mir zum Ewigen Gericht
den Weckruf blasen ins Gesicht!

Nächtlicher Gang

Der Mond auf meinem Rücken,
er drückt nicht allzusehr.
Ich gehe über Brücken,
den Bächen nebenher.

Mein Gang wird mir nicht glücken!
Des Abendsternes Speer,
er zielt auf meinen Rücken.
Bin ohne Gegenwehr.

Ich biet aus freien Stücken
ihm meine Brust und mehr.
Sternpfeile sirrn wie Mücken.
Schieß, Nacht, den Köcher leer!

Sternschnuppen

Wer beschießt mit Sternenpfeilen
uns, die wehrlos Ausgesetzten,
durch die Nacht des Seins Gehetzten?
Wer wird unsre Wunden heilen?

Wer wird unsre Schmerzen teilen,
trösten uns, die tief Verletzten,
die von ihrem Gott Versetzten,
nur als Gast auf Erden weilen?

Sternschnuppen

Sterne tropfen auf die Erde nieder,
Angstschweiß eines unsichtbaren Gottes,
der vorm Menschenleid schließt seine Lider,
Opfer selbst des Menschenspottes?

Ängstigen ihn seine Ebenbilder,
welche sind Erfinder des Schafottes?
Aber auch er selber ist nicht milder
gegen sie, die Kinder Gottes!

Treibt's den Angstschweiß ihm aus allen Poren,
weil ihm seine Schöpfung ist mißraten?
Stets aufs neue wird sein Ebenbild geboren,
das ihm keine Ehre macht mit seinen Taten!

Der Dinge Lauf

Im Arm der Erde tanzen wir
den Totentanz und taumeln wonnetrunken,
gleich ungezügeltem Getier,
dem Ende zu, bis tot wir hingesunken.

Die Erde aber fängt uns auf,
Fleischfresserin, und nagt bis auf die Knochen
uns ab. Das ist der Dinge Lauf,
mit Sternschrift in die Nacht gestochen!

Ich, der Mann im Mond

Der Mond ein Nest, ein Schiff, ein Pflug,
so haben Dichter ihn genannt.
Ich halte alles dies für Trug.
Im Mond erkenn ich mein Gesicht,
ich bin's, der auf den Mond verbannt!

Hernieder glotz ich auf die Welt,
die wimmelt von Gewürm, das sich
die Menschheit nennt. Ach, mir gefällt
die ganze Lügensippschaft nicht,
verhüll mit einer Wolke mich!

Der Mond

Ich weiß, der Mond ist keine Barke,
die auf den Wolkenwellen schaukelt,
was uns die Dichter vorgegaukelt.
Der Mond ist eher eine Harke,

die uns im Schlaf den Schädel spaltet,
ein Henkerbeil, ein Wiegemesser,
ein Sarkophag, des Fleisches Fresser,
Scheinwerferlicht, grell eingeschaltet.

Ich weiß, der Mond ist ein Gestreifter,
im Sternenstacheldraht verfangen.
Ich sehe ihn am Galgen hangen.
Der Mond ist ein zu Tod Geschleifter

von Wolkenrössern, die sich bäumen.
Der Mond das Mutterkorn, geschäufelt
ins Brot, ein Tropfen Gift, geträufelt
ins Hirn, daß ich vom Tod muß träumen.

Vollmond

Am Abend öffnet der Teich die Lider,
starrt dich an des Mondes weiße Pupille.
Welche Absicht spiegelt sein Echsenauge wider,
in dem sichtbar wird ein unwägbarer Wille?

Die Binsen erbeben, das Schilfrohr erschauert,
die Teichrosen senken die Wimpern,
aus Angst vor dem Numinosen,
das im Auge des Mondes lauert?

Vollmond

Der du meine Kammer füllst
mit der Kühle deines Lichts,
mich in deinen Schleier hüllst,
mich verbergend vor dem Nichts,

das aus allen Ecken grinst,
totenköpfig meiner höhnt,
birg mich, Mond, im Lichtgespinst,
mich, nicht mit dem Tod versöhnt!

Daß der Tod mich finde nicht,
web mich gänzlich in dich ein,
birg mich ganz in deinem Licht,
laß mich nicht mehr sichtbar sein!

Abnehmender Mond

Aus den Wolken horcht der Mond hervor,
Vincents abgeschnittnes halbes Ohr.
Hat es sich noch nicht genug gehört,
was seit je die Lebenden verstört?

Aus den Wolken blutet es hervor,
Vincents abgeschnittnes halbes Ohr,
welches nichts als Schmerzensschreie hört.
Lauscht es ihnen nach, vom Schmerz betört?

Schneenacht

Es schneite, als ich einschlief, und
es schneite weiter noch im Traum.
Schnell wuchs der Schnee mir bis zum Mund.
Die Luft zum Atmen reichte kaum.

Bald war ich überwölbt vom Schnee.
Zur Höhle wurde mir mein Bett.
An mich geschmiegt der Mond, ein Reh.
Wärmt später es auch mein Skelett?

Schwester Eselin

... froh, daß ich ein Bruder war den Tieren.
Sergej Jessenin

»... froh, daß ich ein Bruder« bin »den Tieren«,
nicht vor Menschen kriech auf allen Vieren!
Aber vor der Schwester Eselin
knie voller Demut ich mich hin,
trägt sie, wie's ihr eigen, doch in Würde
die von uns ihr auferlegte Bürde,
Eselin, mir Schwester und auch dem,
der auf ihr ritt nach Jerusalem!

In der Arche

Bin geborgen in der Arche
mitten unter warmen Tieren,
die mich wärmen, und ich fühle
in ihr Wesen mich verlieren,

spür in ihre Bruderseelen
wohlig meine eingebettet
und in ihre sanften Kehlen
meines Atems Hauch gerettet.

Der ewige Bund

Selig darf mein Atemhauch
eingehn in der Lüfte Weben,
mit dem müden Blatt am Strauch
meine Zunge sanft entschweben,

daß der einst geschlossne Bund
wieder sich erneuern werde.
Den vereinsamt wunden Mund
tröstend schließt und heilt die Erde.

Der Atem

Wohlwollend nimmt der Wind
den Atem derer auf,
die noch lebendig sind,
und endet er, der Lauf

des Daseins, lebt er fort,
der Atem, sanft im Hauch
des Winds, in seinem Wort,
gewispert nach vom Strauch.

Leben

Es ist abzusehn,
wohin die Straßen führen,
die wir gehn.

Der Schmerz ein Haus
mit offenen Türen.
Wir gehen ein und aus.

Nicht Paradieses Luft,
die wir verspüren!
Moder wabert aus der Gruft!

Am Ende wird man uns zum Scherz
zum Schmerzenskönig küren.
Dann himmel- oder höllenwärts!

Das Leben

Als wir warn noch Quadrupeden,
lebten glücklich wir in Eden.

Liefen bald auf Beenen zween,
mußten drum von Eden gehen!

Wenn wer aufrecht geht in Eden,
das erfreut wohl dort nicht jeden!

Ward die Erde uns als Lehen,
daß auf ihr wir aufrecht gehen?

Leider nur die Duopeden
knicken ein – zurück nach Eden!

Das Leben

La vie est l'ombre d'un rêve.
Jean Moréas

Ist Leben nur ein Schatten und ein Traum,
aus dem wir in das Licht erwachen,
haucht uns der Tod mit seinem Atem an,
und währet ewig unser Lachen?

Das Leben drüben, ist's nicht auch nur Traum,
aus dem ins Dunkel wir erwachen,
erkennend, ewges Leben sei nur Wahn,
in Weinen wandle sich das Lachen?

Im August

Was brennen am hellichten Mittag die Kerzen,
die Königskerzen – zum Schein?
Was soll denn das Licht des Sommers
so unsäglich vergeudet sein!

Was flammen die Herzen
der Rosen – zum Schein?
Was sollen des Sommers geheime Schmerzen
so unsagbar verschwendet sein!

Den Schwalben ist noch zum Scherzen.
Mich friert's bis ins Gebein.
Wie weit noch bis zu des Kuckucks Terzen!
Gelichtet bis dahin unsere Reihn!

Ahnung

Mein Dasein, ahn ich, wär vertan,
der Wesen Sprache bliebe mir verschlossen,
nähm ich nicht selbst ihr Wesen an,
wär nicht mein Sein in Baum und Laub geflossen,

wüchs nicht mein Arm zum starken Ast
und längten nicht die Finger sich zu Zweigen,
an denen meine Zunge Gast,
gebettet in der tausend Blätter Schweigen!

Unter einer Kastanie

Kastanienblüte fällt mir in den Wein.
Sie rötet sanft den Saft der Traube.
Lädt mich der Baum mit dieser Geste ein,
sein Gast zu sein in seiner Laube?

Ich trinke meinem Gastgeb dankend zu.
Wie wird mir wohl in meinem Innern,
da wir, die einst auf Du und Du,
uns unsrer Bruderschaft erinnern!

Wie waren in der Urzeit wir noch eins!
Die Zunge kann's, das Blatt beeiden!
Wir müssen sie, die Trennung unsres Seins,
bis Staub wir werden, leiden!

September

Bienen verzuckern im Honigglas.
Süße und Bitternis
in einem auf der Zunge, am Gaumen.

Zu Tode gedörrtes Gras
in der »Morgue des Mittags«,
der Duft gärender Pflaumen.

Um dich ein Übermaß
an Licht, an Lust.
Jäh senkt sich der Daumen.

Septemberabend

Am Himmel Zirruswolken,
zerfasernd weiß im Wind.
Die Ziegen sind gemolken.
Gewaschen ist das Kind.

Der Tote ist gekleidet
für seine letzte Fahrt.
Ihm wächst, das ist beeidet,
im Grabe noch der Bart.

Die Schafe sind geschoren.
Geschüttet ist die Streu.
Wo immer wer geboren,
es bleibt der Tod ihm treu.

Herbstzeitlosen

Statt Menschenhaut zu ritzen,
der Himmelspfeile Spitzen,
sie stecken in den Wiesen.
Doch wessen Blut sollt fließen?

Ob wer auf Herzen zielte,
als er mit Pfeilen spielte,
sie in die Wiesen lenkte,
den Herzen Aufschub schenkte?

Die Krähenschrift

Dunkle Prophezeiung schreiben
Krähen in den Abendhimmel.
Einer wird sich wo entleiben?
Einer stirbt beim Sturz vom Schimmel?

Welches Los mir zugemessen?
Kann die Krähenschrift nicht lesen!
Hab die Bruderschaft vergessen,
die verband uns mit den Wesen.

Nur zu deuten ihre Zeichen,
wenn wir wie zu Brüdern reden,
so den Urzustand erreichen,
wie er herrschte einst in Erden!

Die Kranichschrift

Die Keilschrift eines Kranichzugs
am Himmel gibt uns Rätsel auf.
Nicht kundig mehr des Vogelflugs,
aus dem man las des Schicksals Lauf,

sehn wir erstaunt, wie sich der Keil
verwandelt rasch in einen Pfeil,
der in das Herz des Himmels trifft –
und so enträtselt sich die Schrift.

Oktobernacht

Wem treibt's den Angstschweiß auf die Stirn,
der ihm gefriert zum Sternenfirn?
Hat wer vor seiner Schöpfung Angst,
die ihm entglitten längst? Du bangst

vor einem, welcher selber bangt,
nur nach sich selbst zurückverlangt,
als er noch nicht im Schöpferwahn
den Menschen schuf, den Untertan.

Der pocht auf sein versprochnes Recht,
er sei ein Freier, doch nicht Knecht,
und gegen den er sich vermißt
zu löken, dessen Ebenbild er ist.

Die Walnuss

Unter brauner Walnußstirn
sich verbirgt ein zwergisch Hirn.
Denkt es groß? Du weißt es nicht!
Hält es über dich Gericht?

Eh die Schuld bewiesen ist,
du schon vorverurteilt bist!
Wissen raunt das Walnußlaub.
Doch das Menschenohr ist taub!

Die Walnuss

Alle Weisheit der Erde gesammelt
im Gehirn einer einzigen Nuß!
Brich sie nicht auf, du fändest
in ihr deines Schicksals Beschluß!

Nicht zu deuten versuche,
was längst über dich beschlossen ist,
ob du behaftet mit ewigem Fluche
oder auf ewig gerettet bist!

Beim Aufbrechen einer Walnuss

Breche ich die Walnuß auf,
stör ich sie beim Denken?
Plant die Welt sie, ihren Lauf,
wie sie sei zu lenken?

Sinnt die Nuß auch mein Geschick?
Unbedacht und ungeduldig
richt aufs Nußhirn ich den Blick
und erkenn, wie sehr ich schuldig!

Mein Gedicht

Aus abgefallenem Herbstlaub gefügt,
seh ich Charons Nachen treiben im Fluß.
Ich denke, der Nachen genügt
für meinen leichten Schatten,
wenn ich hinüber muß.

Plagen wird sich Charon nicht allzusehr;
denn mein Schatten fällt kaum ins Gewicht.
Aber was ich mitnehm, ist schwer
und muß ihn ermatten:
mein Gedicht!

Der Erde abgewandt

Sanduhr, die mir mißt die Zeit,
Sonnenuhr desgleichen tut –
bis ich in die Ewigkeit
wandre, nackt und unbeschuht.

Bloßen Fußes streif ich ohn
Bangnis durch den Morgentau,
so als wandelte ich schon
in der Asphodelenau.

Bin der Erde abgewandt,
und ich schwelge schon im Licht,
das der Morgenstern gesandt,
sichtbar nur noch im Gedicht.

Das Ohngesicht

Der Sonnenuhr, der Monduhr les
ich ab die Zeit, die mir verbleibt.
Ich seh, es ist schon fünf vor Zwölf,
indessen meine Hand noch schreibt.

Ob ich vollende mein Gedicht,
die letzte Strophe mir gelingt,
das weiß allein das Ohngesicht,
das über uns die Geißel schwingt.

Meine Schreibhand

Von Jahr zu Jahr schwindet
mir das Augenlicht.
Aber meine Schreibhand findet
immer noch den Weg zum Gedicht.

Sie ist für mich fast Blinden
der weisende Stab,
den Vers zu finden,
den ich noch zu schreiben hab.

Vorgesorgt

Hab gedichtet manch Ghasele,
für das Jenseits vorgesorgt,
für das Wohl der armen Seele,
die der Schöpfer mir geborgt.

Hab gedichtet manch Kanzone,
und auch manches Madrigal.
Ob man drüben mich belohne
für erlittne Dichterqual?

Begraben in Anthologien

Findet würdig man Gedichte,
senkt man sie in eine Büchergruft,
wo sie jämmerlich im Staub ersticken
mangels Zufuhr frischer Luft.

Mitbegraben ihrer Schöpfer Namen,
die nicht minder modern in der Gruft.
Auch bei künstlicher Beatmung
schnappen sie nicht einmal mehr nach Luft!

Der Schmerz

Ich hab ihn nicht hereingebeten,
den Schmerz, in meinen Leib,
in meine Seele, mir zum Zeitvertreib!
Er selber ist hereingetreten
zu weiterem Verbleib!

Er sagt, er sei mein Bruder,
der Wohnrecht bei mir hab,
und einen Bruder weist man doch nicht ab!
Er übernimmt in mir das Ruder
und drückt mir in die Hand den Wanderstab,
drängt schnöd ins Abseits mich, ins Grab!

Das Schilfrohr

Das Schilfrohr spricht
mit heisrer Kehle.
Doch ich versteh es nicht,
hab nicht des Schilfrohrs Seele.

Ich murmle mein Gedicht,
wohl wissend, daß ich Gottes Ohr verfehle.
Ob ich, ich weiß es nicht,
einst spreche mit des Schilfrohrs Kehle?

Noch nicht gehoben

Was noch in mir begraben liegt,
es muß empor, hinauf ans Licht,
eh ich hinabsink, schnöd besiegt!
Noch nicht gehoben manch Gedicht!

Hab manche Melodie im Ohr,
die ich noch nicht gesungen hab!
Das drängt und will ans Licht empor,
vermodern nicht mit mir im Grab!

Vielleicht ist ein Gedicht dabei,
das alle andern überstrahlt,
so klar wie eine Melodei,
so rein, wie man Madonnen malt!

Die Schwäre

Des Fensters Balkenschatten auf der Brust:
ein Kreuz, mir auferlegt,
und auf der Brust der Sterne Blust.
Kaum Atem, der sich regt.

Bin ich schon eingesargt in einen Schlaf,
der ewig währt?
Mein Name auf des Mondes Epitaph,
da doch in mir noch eine Strophe schwärt?

Mein Testament

Eh meine Kerze niederbrennt,
verfasse ich mein Testament:
Die alte Violine
vermach ich der Sabine,

die wie ein Heuschreck geigen kann
und glücklich machen manchen Mann.
Die knarrende Gitarre
bekommt die arme Pfarre,

weil bei dem rhythmischen Gesang
vor Schreck die Sait der alten sprang,
und meine Halspastillen
sind für die schrillen Grillen!

Letzter Wille

Unter meinem Namen stehe
auf der Stele nur: Poet!
Dichten war mein Wohl und Wehe,
Dichten war mir wie Gebet!

Meinen schlichten Grabstein ziere
keinesfalls mein Konterfei!
Graphis skripta tu das Ihre,
schreibe auf den Stein: Vorbei!

Dorfpoet

... ich bin der letzte Dorfpoet.
Sergej Jessenin

Wär ich doch »der letzte Dorfpoet«,
wie Jessenin sich genannt!
Bald mir's an den Kragen geht!
Bin nicht mehr der junge Fant,
welcher sorglos in den Tag gelebt,
seine Verse unbedarft gewebt!

Nie verachtet habe ich das Gras,
jeder Käfer war mir lieb.
Nahm am kleinsten stets das Maß.
Führte meine Feder nie als Hieb.
Nennte ich mich »Dorfpoet«, wär's Sünd!
Doch es freute mich, wenn's auf der Stele stünd!

Angst

Nicht vor dem Sterben hast du Angst,
es ist der Mensch, vor dem du bangst,
vor seiner Unversöhnlichkeit,
die ihn vom anderen entzweit,

vor seiner Gier und Grausamkeit,
vor seiner Machtbesessenheit,
der ungestillten Tötenslust,
vorm Zweifel in der eignen Brust,

ob du die Seligkeit erlangst,
die du erstrebst, vor der du bangst,
und auch davor, ob sie dir bringt,
was dir auf Erden nicht gelingt!

Die Friedenstaube

Gerupft, gefüllt und braun gebraten,
erfreut sie uns, die wir verraten.
Der Ölzweig, den sie bracht geflügelt,
im Album liegt er, glattgebügelt!

Steht uns die Soß auch bis zum Munde,
stoßt an, he Wirt, noch eine Runde!
Im Bierdunst führen wir Gefechte
für Volk und Vaterland, das Rechte.

Wir liefern Waffen an die Guten.
Die Bösen mögen ruhig verbluten!
Mit halb verdauter Friedenstaube,
aufstoßend, machen wir uns aus dem Staube.

Das verkaufte Volk

Bei Lachs und Kaviar,
da haben sie das Volk verkauft,
das nicht geladen war,
und haben sich mit Sekt getauft.

Das Volk, das karg nur lebt,
nicht an den Futtertrog sich drängt,
es hat den Strick gewebt,
mit dem man es erhängt!

Ja, wenn!

Der Heine durfte sie mit Namen nennen,
nach denen heut kein Hahn mehr kräht!
Ich wüßte viele Namen, Hähne, Hennen,
und sie zu nennen, wär es nicht zu spät!

Wär ich der schlaue Reineke, ich bräche
des Nachts ein in den Hühnerstall,
beglich mit ihrem Blut die Zeche,
die sie auf Volkes Kosten machen überall!

Wär ich ein Habicht mit den scharfen Krallen,
der hoch am Himmel aus nach Beute späht,
ich stieß' herab auf Enten, Gänse, Rallen,
auf alles, was da schnattert, gackert, kräht!

Im Parlament

Sie schnattern, gackern durcheinander,
als sei's ein Stall, kein Hohes Parlament!
Der grüne Frosch, der Salamander,
sie fühlen sich in ihrem Element!

Das quakt wie in den Pripjatsümpfen!
Der rote Milan und der schwarze Aar,
es ist wahrlich zum Naserümpfen,
sie hacken sich um jeden Klacks sogar!

Der Truthahn, wie er sich aufplustert!
Der Pfau, der voller Dünkel schlägt sein Rad,
die Hühner voll Verachtung mustert,
der stolze Pfau, im Staub nimmt er sein Bad!

Als Erster unter den Gemeinen,
führt er im Hühnerstall das Regiment.
Da lobe ich mir Heinrich Heinen,
der Henne, Hahn beim wahren Namen nennt!

An den langmütigen Gott

Was mischt du dich nicht ein,
wenn sich die Menschen streiten?
Fühlst du nicht selber Pein
ob ihrer Zwistigkeiten?

Und scheuen sie sich gar
vor Mord und Totschlag nicht,
der Muschik und der Zar,
der Kaiser und der Wicht,

was mischt du dich nicht ein,
du Gott, der uns erschaffen,
die wir dein Ebenbild solln sein,
gibst nicht die Unschuld uns zurück des Affen?

Das ist die Frage

Die Menschen halten Blutgericht.
Sie köpfen! Nie ruht das Schafott!
Und dennoch beten sie zu Gott!
Warum denn wehrt er ihnen nicht?

Auch wenn der Mensch nach frommer Lehr
das Ebenbildnis Gottes sei,
was duldet Gott die Barbarei? –
Es sei denn, er ist selber Mär!

Der Gekreuzigte

»Unternehmen Gomorrha«, Hamburg 1943

Verbrannt ist seine linke Hand,
die rechte hielt dem Feuer stand.
Verbrannt ist auch der linke Balken,
der rechte dient als Sitz den Falken.

Warum bot er dem Weltenbrand
nicht Einhalt mit der Segenshand?
Was hängt sie immer noch am Balken,
indes sie die Verbrannten kalken?

Ob er gnädig ist?

Der du mit Erdenpein gekrönt,
verwandelt dir des Gottes Sohn,
den du gegeißelt hast, verhöhnt,
in einen Rosenkranz die Dornenkron?

Der du ans Kreuz genagelt bist
des Leids und deines Daseins Last,
ob er dich abnimmt, gnädig ist,
den selber du gekreuzigt hast?

Wo ein Barmherziger?

Im Jenseits keine Immortellen!
Und wo die Asphodeloswiese?
Ich labe mich an irdschen Quellen,
am Dichterwort, das sich in mich ergieße!

Es heilt mir meiner Seele Schwären.
Mir ist Musik des Flusses Fließen.
Ich lausche der Musik der Sphären.
Wo ein Barmherziger, der seine Zähren
möcht in die Höllenglut des Daseins gießen?

Unendlich fern

Es gibt zu danken wahrlich viel:
fürs Leben, Leiden, auch fürs Sterben,
und für das Lungenemphysem,
den Speicheldrüsenkrebs – doch wem?

Wer aber setzte uns das Ziel:
das ewge Leben zu erwerben?
Ich säh ihm gern ins Angesicht
und hörte seine Stimme gern!

Was sollen mir Gesetzesscherben!
Der über mich sein Urteil spricht,
Erlösung zuweist mir, Verderben,
warum ist er unendlich fern?

Taub und blind

Herr, deine Stimme ist zu schwach,
als daß mein Ohr sie noch erreiche!
Ich liege in den Nächten wach:
In Lüften das Gebraus der Eiche!

Ob sie mit deiner Stimme spricht,
und ich, ich kann's mir nur nicht deuten?
Und offenbarst dich im Gedicht,
in Apfelblüten, hingestreuten,

und ich, Herr, bin zu taub, zu blind,
zu sehn dich in dem Flug der Imme,
zu hören dich im Winterwind,
in allen Wesen deine Stimme?

Sehnsucht nach Gott

Wir können uns nicht wehren,
wir sind so wehrlos gegen Gott.
Wir halten ihn in Ehren,
der uns hinaufstößt aufs Schafott

der ungezählten Leiden,
der auferlegt uns Pein und Qual.
Will er an uns sich weiden,
weil unser Glaube ist zu schal?

Wir unterliegen seinem Willen,
und dennoch können wir sie nicht,
die Sehnsucht nach ihm stillen,
der nie mit uns, den Opfern, spricht!

Ich gehe nicht durchs Nadelöhr!

Es kommt kein Ton heraus, nur Staub,
blas in das Waldhorn ich hinein.
Schrei an ich gegen Felsgestein?
Die Gottheit stellt sich stumm und taub!

Wir sind der Gottheit Ebenbild.
Warum gibt sie uns kein Gehör?
Ich gehe nicht durchs Nadelöhr!
In des Elysiums Gefild
den Zutritt wehren Schwert und Schild.

Ohne Zorn

Wie sollte ich der Gottheit zürnen,
die mich verwundbar schuf, nicht hürnen!
An meiner Schulter klebt kein Lindenblatt,
wo tückisch mich der Speer zu treffen hat!

Ich bin verwundbar allenthalben.
Vergaß die Gottheit mich zu salben?
Ich biete meine Brust ohn Arg und bloß,
es braucht nicht hinterrücks den Hieb, den Stoß!

Die Unbegreifliche / Ein Traum

Ich schwimme durch das All.
Die Stromstöße meines Herzens betäuben
den Mond, die Sterne,
und sie bringen die Gottheit zu Fall.

Nun treibt sie betäubt,
und ich kann sie greifen,
die Unbegreifliche,
die nicht mehr sich sträubt.

»Der grüne Gott«

Der grüne Gott
Oskar Loerke

Mir ist die Gottheit grün,
mir ist sie Laub und Gras
und Frosch, behaupt ich kühn,
Eidechsenhaut sei Maß!

»Der grüne Gott« ist Kraft,
die alles, was sie nimmt,
auch wiederum erschafft,
ist Glut, die ewig glimmt!

Die Kraft

Du nennst es Gott, ich nenn es Kraft,
die aus sich selber waltet,
die gibt und nimmt und schafft und rafft
und alles Sein gestaltet.

Was Raupen sich verpuppen heißt
und Flügel sich entfalten,
ich nenn es Kraft, die Wesen weist
zu glühn und zu erkalten.

Und was mit Blätterzungen spricht,
von Amseln nachgesungen,
ich nenn es Kraft, ich nenn's Gedicht,
das keinem sonst gelungen.

Bekenntnis

Ich glaube an die Kraft,
die Welt ersinnt, erschafft.
Ich glaube an den Geist,
der alle Wesen speist.

Ich glaube an die Kraft,
an unsre Bruderschaft
mit Biene, Blüte, Baum,
und daß aus tiefem Traum,

nach kurzer kühler Nacht
ein neuer Tag erwacht,
im Königskerzenlicht
sich Welt fügt zum Gedicht.

An die Kraft

Du schufest mich. Nach deinem Bild?
Ich kenne nicht dein Angesicht!
Streichst du als Wind durch das Gefild?
Bist du das milde Abendlicht?

Bist du am Lindenbaum der Zweig,
des Blatt mit deiner Zunge spricht?
Du gibst mir keinen Fingerzeig!
So suche ich dich im Gedicht!

Den du mir eingegeben hast,
ist's dein Gedanke, ist's dein Geist,
der bürdet auf des Daseins Last
und mir zum Trost den Vers zuweist?

Die Kraft

Die Kraft, die uns erschaffen hat,
die wieder unser Dasein endet,
sie ist die Kraft, die auch das Blatt
am Zweig mit ihrem Anhauch wendet,

die brütet aus das Kuckucksei,
die Fleisch zerfallen läßt zur Krume,
aus der erblüht die Akelei,
die wandelt unsern Leib zur Blume.

Die Kraft

Jeder auf dem Holzweg ist,
der sich vorstellt Gott als Greis!
Aber auch der Nihilist,
nichts Gewisses weiß!

Mache dir von Gott kein Bild;
denn dann säh er aus wie du!
Gott des Menschen Ebenbild?
Gott, laß dies nicht zu!

Wie auch immer man ihn nennt,
man geht fehl auf jeden Fall:
Gott ist Kraft, die man erkennt
in den Dingen überall!

Was wäre

Was wär der Himmel ohne Gott,
der Galgen ohne Strick
und ohne Fallbeil das Schafott,
der Pfeilschuß ohne das Genick!

Was wär die Hölle ohne ihn,
den Teufel Feuerwerker,
ohn Menschen, denen nie verziehn
ihr Gott, der Erde Kerker!

Auch er

Der uns in die Grube stößt,
ob er uns aus ihr erlöst?
Sind wir Fleisch von seinem doch!
Solln verfaulen wir im Loch?

Mitverfaulen müßt auch er,
gleich uns ohne Wiederkehr!
Ließ er uns zerfalln zu Staub,
fiel' auch er dem Nichts zum Raub!

Was zu fürchten ist

Nur Narren fürchten nichts.
Heinrich Heine

Auf dieser Welt gibt's also keine Narren;
denn jeder fürchtet ihn, den Knochenmann,
und jeder fürchtet das Verscharren,
erhofft die Auferstehung irgendwann.

Doch ist nicht diese mehr zu fürchten, Leute,
als Tod und Grab und grause Gruft;
denn auferstehn wird auch der Mörder Meute,
und der in weißer Weste steckt, der Schuft!

Unsterblichkeit

Warum soll ich der einzge sein,
der nicht wie alle andern stirbt!
Bild ich Unsterblichkeit mir ein,
der nicht wie andere verdirbt?

Was soll ich ausgeschlossen sein
von dem Gesetz der Sterblichkeit!
Ich wäre mutterseelallein,
indes die andern in der Ewigkeit

froh wandeln, sehend angesichts
des ewgen Lichts, und selig sind,
indessen ich im dunklen Nichts
hintappe, lebend, jedoch blind.

Stadt der Toten

Caput mortuum der Friedhof,
eine eigne Stadt der Toten.
Et umbrarum caput, Stadt der
Schatten, Lebenden verboten.

Requiescant hic in pace,
wohlentledigt aller Sorgen.
Wer will in die Stadt eintreten,
muß des Sterbens Zoll entrichten.

Mors ist ein barmherzger Zöllner,
läßt passieren, die sich quälten,
sich an seine Pforte drängen,
die von ihrem Leid Gepfählten.

Mit goldnen Lettern

Der Name auf dem Grabstein zeigt
die goldnen Zähne jedermann:
Auch wenn der Staub, der Mund war, schweigt,
seht her, wie ich noch beißen kann!

So scheint der Name auf dem Stein
zu sprechen mit dem goldnen Zahn:
Ich malm es mit dem Kieferbein,
das Manna drüben, schaut mich an!

Glückselig

Glückselig, wer noch nicht vertrieben ist
aus seinem Kinderparadies,
sich immer noch erhofft als Optimist,
man werde ihn erlösen aus dem Erdverlies,

zurückverwandelt in ein Kind,
erwart in Eden ihn ein Kinderspiel,
und wo er seine Spielgefährten wieder find,
die Sandburg, die ihm unter seiner Hand zerfiel!

In der Höll

Du sollst den Tag nicht vor dem Abend loben!
Eh du's versiehst, bist du schon droben,
vielleicht auch drunten in der Höll
bei Cerberussens Wutgeböll!

Du findest dort manch Teufelsbraten,
und wie sie heißen, brauchst nicht raten!
Der rote Apostat, der braune Malergsöll
sind dir erkenntlich auf der Stöll!

Sie haben grausge Weltgeschichte gschrieben,
an der noch immer leiden, welche hinterblieben,
und haben drunten in der Höll
wohl zur Belohnung eine Feuerwerkerstöll!

Peinliche Befragung

Mit nacktem Hintern, bloßen Füßen,
so wie auf diese Welt ich kam,
wird mich das Paradies begrüßen,
der erzne Vater Abraham.

O peinlich wird er mich befragen:
Bringst du nichts mit ins Paradies
als schräg verbeulte Schragen
und dein verschlagnes Gaunergfrieß?

Die Engel würden ja erschrecken,
so ungewaschen wie du bist!
Ich werd dich in die Wolke stecken,
die spült dir ab der Sünden Mist!

Inhalt

Michael Groißmeier im Allitera Verlag

Atemholen
Gedichte. 144 S., Paperback, € 14,–

Auferstehungslust
Gedichte. 144 S., Paperback, € 14,–

Charons Blick
Gedichte aus vierzig Jahren. 148 S., Paperback, € 14,–

Der Lärm der Stille
Gedichte. 152 S., Paperback, € 14,–

Der Zögling
Roman. 148 S., Paperback, € 12,–

Die Wirklichkeit des Traums
Gedichte. 136 S., Paperback, € 14,–

Die Eiszapfenharfe
Kurzgedichte nach Haiku-Art. 88 S., Paperback, € 12,–

Garten meiner Kindheit
Gedichte. 104 S., Paperback, € 12,90

Im Leuchtkäferlicht
Haiku. 144 S., Paperback, € 16,–

Leben mit Bäumen
Gedichte und Gedanken. 140 S., Paperback, € 14,–

Mein irdisches Eden
Gedichte. 136 S., Paperback, € 13,50

Suche nach Avalun
Gedichte. 104 S., Paperback, € 12,–

Warum genügt uns nicht die Erde?
Gedichte. 136 S., Paperback, € 13,50